쁘띠프랑스의 오후

제43차 기획시선 공모당선 시집

쁘띠프랑스의 오후

시산맥 기획시선 131

초판 1쇄 인쇄 | 2024년 7월 1일
초판 1쇄 발행 | 2024년 7월 10일

지은이 권지영
펴낸이 문정영
펴낸곳 시산맥사
편집주간 김필영
편집위원 신정민 최연수
등록번호 제300-2013-12호
등록일자 2009년 4월 15일
주소 03131 서울특별시 종로구 율곡로 6길 36. 월드오피스텔 1102호
전화 02-764-8722, 010-8894-8722
전자우편 poemmtss@naver.com
시산맥카페 http://cafe.daum.net/poemmtss

ISBN 979-11-6243-484-0 (03810) 종이책
ISBN 979-11-6243-485-7 (05810) 전자책

값 12,000원

* 이 책은 전부 또는 일부 내용을 재사용하려면 반드시 저작권자와 시산맥사의 동의를 받아야 합니다.
* 이 책은 교보문고와 연계하여 전자북으로 발간되었습니다.
* 본문 페이지에서 한 연이 첫 번째 행에서 시작될 때에는 〈 표기를 합니다.
* 저자의 의도에 따라 작품의 보조 동사와 합성 명사는 띄어쓰기가 달라질 수 있습니다.

쁘띠프랑스의 오후

권지영 시집

| 시인의 말 |

보이지 않는 인연의 끈이
나를 여기까지 이끌어주었다

다시 불 지핀 열정과 순수의 눈으로
내 안의 것들을 쏟아내고 새로이 채우는 작업은
자신에게 위로와 힘이 되었다

나를 둘러싼 인연, 자연, 세상을 시로 그리며
누군가의 위안이 되어줄 수 있다면
시창작의 산통은 즐거움으로 화답할 것이다

밤하늘에 빛나는 별처럼
어두운 세상을 밝게 비춰줄 아름다운 시구를 찾아
내일도 채광을 이어갈 것이다

2024. 초여름,
권지영

■ 차례

1부

목련이란 존재	19
그녀가 사는 법	20
불현듯 찾아온 택배상자	22
비의 은유	24
두견화	26
우월한 유전자	28
제정신인가	30
불의 변론	31
강원의 한숨	32
물의 변론	34
함부로 속단하지 마라	36
꼬리, 그 대견함이여	38
이방인	40
은은한 것이 좋아	42
짙푸르다	44

2부

미소의 유래에 관한 고찰	49
보일러	50
광명동굴	52
진국이다	54
웃음의 미학	56
악몽이거나 추억이거나	58
메뚜기족이 살아가는 방식	60
텀블링	62
우정의 숲길	64
현무암	66
베이비 시터	68
이방인 2	70
운명 같은 이야기	72
목선	74
別離, 또 다른 시작	76

3부

차선이어도 돼	81
기다림	82
전원의 꿈	84
예고편이 없다	86
존재감	88
允惠를 志英으로	90
캘리를 만나고	92
사용설명서	94
쁘띠프랑스의 오후	96
생쥐와 함께 사는 생존법	98
회 한 접시, 소통 한 접시	100
만두 대장	102
孤獨經	104
대상을 받고	106
하나의 장을 넘기며	108

4부

생각의 전환	113
초점 맞추기	114
아스팔트 위 비둘기	116
물망초	118
여의도 어르신들 들으셨나요?	120
가벼워질까?	122
돈쭐의 정체	123
스-플 스-플 스-플	124
욜로의 밤	126
포노사피엔스	128
하수구 뚫기	130
맛평회	132
편견에 대하여	134
쉼표의 길이가 중요해졌어요	136
자투리	138

■ 해설 | 문정영(시인)   141

1부

목련이란 존재

그녀는 봄의 전령사!

아이보리색종이 살포시 흔들며
봄을 읊조리는 라이너 마리아 릴케

긴 겨울의 꼬리를 자르고
메마른 봄의 가슴에
커다란 설렘을 던지는 불씨

고고한 미소로 세간을 제압하는
지상의 왕비

하냥 속삭이다가 불현듯 떠나가는
이별에 의연한 하얀 손수건

봄의 첫 무대에서 열연하고
다음 꽃들에 순순히 자리 양보하는
무대 매너 최고의 프로

짧지만 굵은 생의 가치
내겐 로망일 뿐이다

그녀가 사는 법

흔한 잡초이기를 거부한
화려한 꽃이기를 사양한
잡초도 꽃도 아닌
들판에 내린 은하수

한껏 키를 높여 존재감 세우기보다
키를 낮춰 생존력 높이려는 넌
자칫 누군가의 발길에 쓰러질까
혹시 누군가의 눈길에 띄일까
낮게 자리하는 생

여리면서 강한 연대감으로
安分知足하는
꽃잔디

잔디에도 꽃에도 오롯이 속하지 않는
그러나 단단한 자존심으로
함부로 밟히지도 쉬 꺾이지도 않는

세상사 집착을 벗어나 자유로운

지상의 별!

그녀가 사는 생존법이다

불현듯 찾아온 택배상자

조심스레 열어본다

남도의 풍요로운 햇살 만끽하며
감나무가 잉태한 주홍빛 알들
아직 어미나무의 체온이 남아있는 듯
상기된 채 고운 빛깔 선명하다

함안의 性根에 적응하며
모진 시간에도 무너지지 않고 단단히 뿌리내려
담백하고 강한 흙의 기운 받은 너

부잣집 맏며느리같이 통통하니 복스러운
간혹 상처 입어도 내색하지 않는
무던한 모습의 시누이 닮은 감

불현듯 내게 가을이 다시 찾아왔다

외로운 타향살이, 팍팍한 살림살이에
떫은 감 맛 같던 지난 시간들
때론 달콤한 맛도 있음을 알려준 감!

〈
찰진 감의 질감처럼
달콤한 감의 식감처럼
야무지고 달콤하게 살라는 이야기 전해온다

비의 은유

울적한 나날을 사흘 나흘 보내다가
불현듯 왈칵 쏟아내며 파안대소하는 비는
하늘의 웃음이다

목마른 땅, 쩍쩍 갈라진 농부의 가슴 보듬고
귀한 젖을 물려주는 비는
하늘의 모성애이다

생의 고달픔에 허덕일 때 어깨 토닥여주고
한없이 슬플 때 함께 서럽게 울어주고
더없이 기쁠 때 시원하게 박수 보내 주는 비는
온정을 베푸는 키다리 아저씨다

실처럼 가늘거나 장대처럼 굵거나,
귓전을 때리거나 한없이 고요하거나
수직으로 질주하거나 안개처럼 스며들거나
부드럽게 젖어 들거나 투박하게 때리거나
언제 어떻게든 변화무쌍한 비는
능력자다
〈

비는 알면 알수록 깊어지는
순환계의 따뜻한 마법사다

두견화 杜鵑花

하늘 하늘 하늘에서 내려온
살랑살랑 천사의 날개를 닮은 듯

하르르 하르르 피워 올라
원미산 언덕 핑크빛으로 뒤덮은
꽃구름

진달래, 진眞진달래, 진진眞珍진달래

피어남은 죽음의 또 다른 이름인가

고달팠던 세상사 기억도 접고
힘겨웠던 병마와의 사투도 막을 내리고
그녀, 평온하게
고요 속으로 침잠하는 순간

열린다
극락의 문

극락국 원미산 일번지 진달래마을

아픈 기억
망각 속으로 태워 버리는
생생한 방화의 현장!

야단법석野壇法席*이다

* 야단법석 : 영취산에 자리를 마련하여 300만 명의 사람들이 석가모니의 설법을 들었다고 함. 사람이 많다 보니 질서 없고 시끌벅적 어수선한 상태.

우월한 유전자

오산 물향기수목원 뒷마당에
세로티나벚나무
큰 키에 긴 팔 벌려 벤치를 감싸 안고
시원한 그늘 선뜻 내어준다

초여름의 땡볕을 감내하고
검붉은 입술 당차게 내밀며
새콤달콤한 시간들 부지런히 빚어내고 있다

한 움큼의 낭만을 따서 그이 손에
한 아름의 사랑즙을 내어 엄마 입에
한 병의 배려주 담가 친구와 나누고픈
과한 유혹에 잠시 빠져드는 오후

까치들을 위한 만찬인가
뒷마당 한가득 성찬처럼 차려진 새알
까치, 공중에서 사뿐히 착지하며
정신줄 내려놓고 거침없이 새알에 입 맞춘다

봄엔 스스로 주인공 되는 꽃 축제로

여름엔 지친 이들 쉬게 하는 그늘 보시로
가을엔 허기진 이에 나누는 새알 보시로
생명들 끌어모으고 있다

낭만 사랑 배려가 익어가는 벚나무 곳간에선
욕망으로 가득한 인간보다
깊고 우월한 유전자의
木心 드러난다

제정신인가

봄, 첫발을 내딛고도
움츠린 서민에게 훈풍마저 인색하고
동면에서 깨어난 활엽수들
기지개도 못 켠 채 눈치 보는

꽃샘추위 속,
갑작스런 눈꽃 세례
봄의 팡파르 무색한 팝콘의 소나기

자칭 대국이라는 백악기 공룡나라
원치 않는 황사바람 보내오며
편협한 경제 보복 선물하고

주위 엄포에 무뎌진 한반도
구역 나눈 애국자 대회에
다른 목소리, 다른 생각들 거침없이 쏟아내니

겨울, 언제 가려나
진정한 봄, 언제 오려나
돌아버릴 것 같은 세상!

불의 변론

나를 키우고 변형시키고
인위적으로 성질을 바꾸고
이용한 너

그런 너에게 난 헌신적이었으며
너희들의 진화에 기여해왔다

어느 날 너는
나로 인해 화를 입었다고 한다
화를 키운 죄를 나에게 물으려 한다

너에게 말하고 싶다
비록 사납지만 관계가 좋아지면
진돗개처럼 맹목적이고 순종적이라고

그런 나를 길들이고 다스리는 건
전적으로 너의 책임이고 기술이라고

난 언제나 신중했으며
난 앞으로도 무죄라고……

강원의 한숨

고온 건조한 봄 공기가
전봇대로 날아간 농사용 비닐이
홧김에 던진 누군가의 불씨가
모두 용의선상에 올랐다

의심할 만한
충분히 있을 법한
심증은 가되 물증이 명확지 않은
용의자들

수십 년을 키워 올린 산림의 역사가
강원의 가슴 한 켠이
삽시간에 검게 그을리고 타들어 가는데

화마는 점점 몸집을 키워가고
일진일퇴 전선을 유지하며
수일간 쉬이 퇴각하려 하지 않았다

빼곡히 늘어선 송림들의 숨 막히는 현장
쓰나미처럼 덮쳐오는 불의 반격에

저항도 못하고 무너지는 숲과 민가

매년 봄마다 주의! 감시! 등
방어에 만전을 기한다고 하지만
방심과 소홀의 작은 틈을 비집고
목줄을 조이는 불의 반란

사투 끝에 화마를 잡았지만
매번 정체를 바꾸며 출현하는 방화범
당신의 가족일 수도 있는
강원의 한숨을 듣고 있는지……

물의 변론

세상의 흐름에 순종하며 살아왔다

징검다리 돌이 길을 가로막아도 비켜서며
궤도를 수정해 나아갔다

겨울,
표피가 경직되는 절체절명의 위기를 맞으면
몸의 입자들이 갑자기 번개 맞은 듯
삼각, 사각, 다각형으로 각을 세우고
징검돌과 돌 사이에서 꼼짝 못 할 때도 있었다

서로 다른 시각, 흐름과 멈춤의 시차를 따라
칸딘스키의 〈구성 8〉을 보란 듯이 패러디하기도 하고
산속 샘에서나 지하에서나 바다에서나
언제 어느 곳에 있든 그 모양 그대로 받아들였다

그런 나를
너무 넘쳐 생명을 위협한다고
너무 부족해 생명을 살릴 수 없다고
원망하는데

⟨
 낭비도 인색도 모르는 한낱 입자일 뿐인 나를
 받아들이고 이용하고 내치는 건
 전적으로 너희들 책임이고 너희들 양심이라고 생각하지 않느냐

함부로 속단하지 마라

잔등이 옹골차다
굳은살이 배겼다
북풍한설 모진 세월에
등으로 막아낸 결기가 느껴진다
긴장하며 견뎌낸 등허리
경직된 채 우로 솟아있다

그가 걸어온 길은
가파르다가 완만하다가
내리막이다가 오르막이다가

그의 생은 역사의 한복판에서 험난했으나
세상사 풍파 목격하며 단단해졌다
암석 같은 뒷모습이 든든하다

끝내 그와 정면으로 마주하니
머리숱이 없고 좁은 어깨 작은 두상
안쓰럽다

길은 세 번이나 툭 불거진 등으로 나를 속였고

마침내 바라본 정상은 最高奉이 아니라
최고로 단단한 봉우리였다

만만하게 여겼으나 만만치 않은
역사의 한 페이지를 접고 인내해온 주름진 허리
둘레길에 마음 시려온다

남의 살아온 내력을 모르고 함부로 남을 속단하지 마라
인왕을 모르고 서울의 역사를 논하지 마라

지나온 세월 서울을 내려다보며 견뎌온 인왕산이
내게 던지는 말이다

꼬리, 그 대견함이여

몸통의 가장 아래쪽에 있으면서
중심을 지탱하는 척추의 막내!

맨 나중에 문턱을 넘어설 때
자칫 손상을 입거나 건드리기라도 하면
예민하게 휘두르며 방어하기도 하는

존재의 가벼움으로 잘못 인식되지만
늘 무겁게 하중을 견뎌내던
인내심 최고봉의 너!

길어서 요염한 옆집 고양이의 자기과시보다
짧아서 앙증맞은 뒷집 곰의 의뭉함보다
적당한 길이로 자존심 단단히 세우고
아시아의 호랑이로 우뚝 서기까지

인고의 세월 잘도 버텨온
몸통의 막내 꼬리
호미곶!
〈

참 대견하고
자랑스럽다

이방인

창경궁 경내에
시대의 인연을 맺고 서 있는 이방인

근거 없는 당당함은 어디서 온 걸까?
은갈치처럼 매끄러운 피부에 자칫 현혹될 수도
늘씬하니 쭉 뻗은 장대함에 이질감을 느낄 수도 있다

시간의 궤적 따라, 햇살의 농도 따라, 그늘의 길이 따라
휘고 휘어지고 경로 바꿔 뻗어갈 줄 아는
멋스럽고 유연한 적송과는 거리가 멀다

울창한 적송이 창경궁 숲길을 가득 채우는 가운데
소나무라 부르기엔 남다른 이방인
백송!

다양한 민족, 다양한 인종이 국경을 넘나드는 세계화 시대
단일 민족이지만 수많은 외침에 시달렸던 역사 때문일까
낯선 눈빛으로 바라보기보다 색다른 호기심이 고개를 든다

인구 감소국 대한민국이 운명처럼 풀어야 할 숙제!

인종과 민족을 넘어선 인류라는 교집합으로 가는 길
다민족 국가로의 변신?

* 백송 : 중국이 원산지며 나무껍질이 하얀 희귀한 소나무로 조선시대에 중국을 왕래하던 사신이 가져다 심었다 현재 천연기념물로 지정하여 보호하고 있다.

은은한 것이 좋아

나른했던 오후,
유자에 소다를 발라 오염된 시간을 지우고
청정한 물로 깨끗이 씻어 얇게 저몄다

새콤한 세상에 달콤한 꿈을 켜켜이 넣어
유리병 가득 쟁여두었다

유자청 본연의 시간들
어느새 짙게 쌓여갔다

새콤달콤하니 톡 쏘는
진하고 분명했던 너의 맛이
내게 확신을 주었다

지금 이 시간, 유자수국차를 마시며
적당히 순한 향
방향제처럼 아찔하지 않은
잔잔한 맛에 끌린다

조금은 모질고 자극적인 세상!

적당히 느껴지는 너의 무게가
어둡지 않은 연노랑 빛깔이
내 몸을 더 유순하게 걸러낸다

분명하게 말하지 않아도 느낄 수 있는
투명하고 은은해진 당신이 좋다

짙푸르다

단풍나무숲과 마주 보는 풍성한 초록의 거창 월성계곡
그곳에 가면 그늘이 숨어있다

그늘을 헤집으면
단단한 침묵으로 일관하던 바위가 보인다
둥그렇고 넓적하거나 뾰족하고 불뚝한 바위

바위 위에서 기거를 허락받은 장기투숙자
초록이불이 커져간다
발이 젖은 바위가 물을 튕겨낼수록
계곡에 단풍나무가 우거질수록

숲의 그늘 같은 생을 초록이불로
맑은 계곡물 같은 꿈을 양식으로
이 센티 긴 사랑을 가꾸고 있다

물의 범람도
물의 고갈도 두려워하지 않는
사랑이 여기에 있다
〈

바위를 밟고 건너려다 미끄러진 나
무심코 잡아당긴 손이 무안하게 나를 잡아주는
융단 같은 파릇한 생 제법 단단하다

바위는 초록이불을, 초록이불은 바위를
서로 끌어안고 가는 삶
네 것 내 것이 분명한 세상에
일침을 날리는 계곡마을

그늘에 있던 내게 무작정 다가왔던
방황하던 너를 흔쾌히 받아들였던
서로 보듬고 지탱했던 시간들
짙푸르다

2부

미소의 유래에 관한 고찰

사랑의 씨앗을 물려받았다
발아의 순간을 환희로 맞이했다
탄생의 축복을 온몸으로 받아들였다

존재의 필연성을 깨닫게 되었다
관심의 대상이 되어 엔돌핀이 저절로 분비되었다
긍정의 에너지를 저장하게 되었다
무한 사랑의 세포가 수년간 자가복제되었다

온몸의 근육이 자연스레 유연해졌다
안면근육도 덩달아 자유롭고 활발하게 움직이게 되었다
작은 일에 집착하지 않는 자세에서 왔다
큰일에 임할 때 실패를 두려워하지 않는 정신력에서 왔다

스스로를 너무 사랑하여 상처를 남기지 않는다
어린애와 노인의 그것은 질량은 다르지만 번지는 파장은 같았다
계절과 관계없이 자연보다 더 자연스럽게 인간이 피워낸
태초의 꽃이었다

보일러

구석자리 그늘진 곳 마다하지 않고
가슴 뜨겁게 불태우며 묵묵히 일하던

영하의 추위도 견디며
우릴 따뜻한 난방의 세계에 살게 했던

숯덩이처럼 까맣던 생의 가슴을
쉼 없이 불태우며 보내 주던 신호!

강철 같던 엔진에 부정맥 오고
압력이 서서히 약해져도
끝끝내 보내 주려 애쓰던 신호!

엔진소리 점차 잦아들고
인공호흡기 제 몫을 다하면서
아득히 마음으로 들리던 신호!

'사랑'이었습니다

참 따뜻했습니다

그동안 고마웠습니다

아버지!

광명동굴

폭염도 식혀줄 만한 냉기 있다
추위에 얼어붙은 몸 다독여줄 인정 있다
그런데 가슴 안은 온통 패이고 상처투성이
빈 껍데기
버티고 선 것이 기적이다

한평생 지혜로 다져온 길
구불구불 저린 가슴 보인다
기억 곳곳에 분노의 불 밝히며
일제시대 눈물 어린 역사를 얘기하고
산업화시대 가슴 아린 기억을 되뇌인다

평생 치열하게 살아온 나날
열정으로 응축된 땀도 회한에 젖은 눈물도 삭히고
검붉은 피와 무른 살 다 내어주고도
강건하게 버티다 굽어진 허리,
헤아릴 수 없는 깊이
무엇으로 메우리

어두운 동굴 안,

이제, 후손들 응원의 불빛 밝혀본다
더 이상 무너지지 않기를
역사의 증인 힘내시길
오래도록 버티시길……

어머니!

진국이다

천도의 가마 속 열기 무던히도 견딘 뚝배기의 뚝심이

인생의 파도에 휘둘려도 마른 몸으로 견뎌온 다시마의 끈기가

파도 심한 바다에 잘도 버티는 멸치의 강단이

속 끓이고 다져져도 우직하게 버티다
결국 풀어지는 콩의 무던함이

흙속에서 오랜 수행 거친 인삼의 내공이

비바람에 살아남은 냉이의 의지가 녹아들어

근성, 깊은 맛으로 보여준다

이리저리 구르며 단단해진 감자
수줍은 호박 만나
뚝배기 안에서 비로소 완성된다

가끔 쌉싸래한 한마디 툭!

때론 힘 있는 결정 한 방 탁!

제풀에 보글보글 끓어 넘칠 땐
가슴 조마조마

가끔 확- 엎고 싶지만
그래도 진국이다

이 사람!

웃음의 미학

동백꽃을 닮은 여인의 몸속엔 웃음바이러스가 존재한다
바이러스를 분석해보면 삶의 페이소스가 있고
웃음을 퍼뜨리는 긍정의 전염력이 있다
작은 일에도 봇물 터지듯 웃음바다를 이루는 웃음의 마녀다

미소가 아름다운 두 번째 여인은
무방비 상태일 때 웃음 씨앗을 민들레 꽃씨처럼 사방에 날려보낸다
세상일에 발 벗고 나서느라 날린 꽃씨로 세상이 웃음 꽃밭이 된다
웃음을 파종하는 들판의 농부다

홍조 띤 복숭아꽃을 닮은 세 번째 여인은
언제인가부터 온몸에 울음이 가득 차올라도
스스로 최면을 걸어 웃음으로 너끈히 승화시킨다
잔등에 날개가 돋아날 것 같은 천사의 미소를 닮았다

그녀들은 뭘 먹고 살았기에
저리 웃음을 꽃피우는 건가?
〈

엄격하고 진지하던 틀 안에서
주눅 들며 서러움에 울음의 카타르시스만 알았던 내게
새삼스레 웃음의 카타르시스를 알게 한 여인들
아름다운 웃음의 힘에 뒤늦게 푹 빠져든다

악몽이거나 추억이거나

어느 주말 오후, 운동장
프리미어리거인 양 골대로 돌진하다
종아리 골절된 남자

장갑차의 잦은 출입으로 울퉁불퉁 지형이 바뀐 비포장길
롤러코스터 차에 태우고 격일로 병원 오가며
남자의 어긋난 다리, 어긋난 마음
씻기고 바로 세우던 여자

24시간을 무한등분하여
주방그릇에 달달하던 추억, 신문지처럼 감싸고
이사박스에 옷가지들 켜켜이 아픈 기억 접으며 쉬게 하고
이사할 집에 재기의 벽지 화사하게 바르던 여자

보채며 우는 세 살배기 달래고
뺨에 흐르는 빗물 몰래 쓸어 담으며
북동풍에 흔들리는 가슴 다잡던 여자

부족한 잠, 허기, 위태로움 속에도
구 개월간 악착같이 생명의 끈 놓지 않던 태아

남자와 여자를 버티게 한 힘이었다

삶이란 책갈피 속에
힘겹게 행을 채우고 단을 메우는 단편 같은 것
돌이켜보니 이젠 추억이라 읽을 수 있다

메뚜기족이 살아가는 방식

초록빛 찬란한 세상을 꿈꿔왔지

한 울타리에 오래 서식하는 건
어리석은 일이야

햇살이 잘 드는 곳에 오래 앉아있으면 목이 마르니
언제나 목을 축일 수 있는 계곡 근처면 좋은데
어느 순간 그늘이 들어 우울해지기 십상이고

일부터 백까지 스스로 부딪히며 자라나야 하지

수목이 우거진 정글에 발 들여보지만
그들이 엮어놓은 법칙에 적응하고 길들어야 하니
가슴이 답답하고 견디기 어렵기도 할 거야

일과 사랑이란 열매를 따 먹으며
밸런스를 유지하려는 삶!
자신을 가장 아끼는 그들만의 방식이야

평생직장의 노예로 살기를 거부하는 메뚜기족!

변화를 꿈꾸는 나르시시스트
스스로의 가치를 높이며 옮겨 다니는 MZ세대

오늘도 시대의 변혁을 꿈꾸며
나름의 스릴 넘치는
너른 들판에서 살아남는 법을 배우는 중이야

텀블링

윷들이 공중에서 텀블링한다
착지하며 말들을 쥐락펴락하는 윷들

때론 매몰차게 상대를 몰아붙이고
때론 견제하고 잡아먹고
때론 운에 좌지우지되기도 한다

쩔쩔매며 따라다니는 말
윷이 내놓는 수만큼 정확하게 걸음을 옮기는 말
한시도 긴장을 늦추지 않고
윷을 주시하고 있다가 행동을 개시한다
윷이 갑이다

윷이 다시 높이 차올랐다 떨어진다
퇴로다
한 발 뒤로 물러서란다
앞으로 가도 모자랄 판에 물러서라니
말이 윷을 노려본다
주눅 든 윷이 나가지 못하고
연거푸 우리 안에서 툴툴거린다

뒷걸음질은 패배인 줄 착각한다

다음엔 말이 지름길을 읽고
큰 걸음으로 대세를 뒤집는다
말이 갑이다

처음부터 승부욕에 함몰되던
서로 주도권을 잡으려 애쓰던 너와 나
신경전과 다툼의 끝없는 실랑이
텀블링을 즐기지 못하는 우리

세상사가 윷판이다

우정의 숲길

신발장은 칸칸이 다른 사연을 품고 있다

여러 해 선택받지 못해 그늘진 생도
잦은 부름을 받아 지쳐있는 생도
주인의 사랑이 지나쳐 아끼고 아끼던 생도 있다

아끼고 아끼다 잊혀졌던
둥그런 콧날에 빛나는 단추형 눈
허리띠 단정히 매고 선 학생을 닮은 검정 구두
문득 밖으로 불러낸다

오랜만의 나들이
울퉁불퉁한 보도블록, 거친 세상에
콧등 까이고 지쳐하더니
서툴게 도움닫기하다 넘어지고
쩌-억 입 벌리며 걷기를 포기한 구두

멀게만 느껴지는 구두매장 가는 길
간신히 어르고 백스텝으로 달래어 도착하니
숨넘어간다

〈
체력 좋던 시절, 함께 달려보지 못한 아쉬움
자주 걸어보지 못해 잡초 무성해진 우정의 숲
길은 길을 잃고 말았다

먼지 쌓인 수첩 속에 적어놓았던 너의 이름!
내 삶의 무게에 힘겨워 무심했던
너에게 안부를 묻는다

우정아! 잘 있는지…?

현무암

제주 함덕해수욕장 해안가에 검게 타다 굳어진 현무암
시린 파도의 울음 잠재우며
침묵한 채 누워있다

백만여 년 전 신생대 시절, 뜨겁게 흐르던 피
침식과 풍화로 거칠게 굳어지고

바람 드나드는 비밀 같은 길을 따라가다 보면
엄마를 만난다
세월 단단하게 버텨오던
구멍 숭숭 뚫린 엄마의 가슴이
바닷가에 엎디어 있다

일찍 별이 되신 할머니 대신 삼촌들 성혼시키고
딸들 교육에 열과 성을 다하며
사십여 년 교단에서 헌신해온
엄마의 고단했던 시간들이 빼곡히 박혀있다

마알간 눈물 머금은
움푹 꺼진 엄마의 눈이

이제야 보인다

깨지고 부서진 현무암 잔해
자식 사랑 여전한 엄마의 마음밭처럼
백사장에 하트모양으로 드러나고

미처 깨닫지 못했던 철없던 딸에게
멀리서 달려온 큰 파도가
한 대 먹인다

철썩!

베이비 시터

쌔근쌔근 잠자는 모습
참 평화롭다가
줄타기하듯 아슬아슬하다가

때론 잠이 고픈지 입 벌린 채, 소리내기도
가끔 꿈을 꾸는지 눈 감은 채 오물거리기도 하는

오늘도 밤새 젖은 물컹한 기억 같은 기저귀를 거두고
뽀송한 새벽 같은 새 기저귀를 입힌다

따뜻한 물수건으로 얼굴과 몸을 씻기고
주면 주는 대로 겨우 받아먹다가
-싫어, 먹기 싫어~
투정 부릴 땐 난감하기도

노래 틀어주면 흥얼흥얼 따라 하다가
앞뒤 맥락도 없이 왼쪽 눈가에 눈물 흘릴 땐
내 가슴도 잠시 흔들리고

바퀴의자에 실려 바람 쐬러 가면 멍하니 앞만 보다가

장미꽃이 예쁘다며 시선을 끌면
허공 한곳에 꽂히며 미소 짓기도 하는

아기 보기는 봐준 공 없다는데
노모는 아기놀이하고
난 기꺼이 엄마놀이하며 즐기는 주말

촉촉한 하루가
또 한 페이지를 넘긴다

이방인 2

어느 날 문득 세 들어온 이방인!

나와 윗집 아이는 딴 몸이지만 한 호흡이어야 한다
서로가 서로를 버릴 때 존재의 의미를 상실한다

운명처럼 서로 짝이 되어
맞장구치며 시간과 공간을 공유하고
어긋나거나 일탈하는 건 용납되지 않는다

기한 없이 전세로 살지만 전세금 없이
집주인의 저작운동을 도우며 살아남아야 하는 신세

불 꺼진 방!
집주인이 잠자리에 들 면
비로소 휴식과 해방의 시간

반복된 일상이 지루하고 힘겹지만
밤이면 틀니통에 풍덩 몸을 담그며 자유를 느끼는
〈

이방인이라는 꼬리표가 낯설지만 슬프지 않은
작지만 다부진 존재감 뿜뿜!이다

운명 같은 이야기

은하계를 떠도는 방랑자라 할까
한곳에 머물 줄 모르는 바람둥이라 할까
작은 체구의 별이 우주에서 생각 없이 떠돌다 떠다니다
우연히 지원이와 생긴 접촉사고

지원이와 첫눈에 운명적으로 스파크가 튀어
파편처럼 사랑의 결실 월이를 탄생시키곤
은하계 밖으로 行- 하니 사라져버린 토이

지원이 삼십팔만여 킬로미터 떨어진 월이를 그리워하다
상심하여 23.5도 기울어진 마음을 끌어안은 건
어쩔 수 없는 분신에 대한 보호본능 때문일까?

월이 地圓이 뒤에서 벌이는 짓궂은 숨바꼭질도
지원이 주위를 오랫동안 떠나지 않고 맴도는 집착도
모성애에 이끌리는 자식의 사랑 때문일까?

스스로 빛난 적 없이
자신의 어두운 뒷모습 한번 보여준 적 없이
깊은 밤 어미의 가슴을 밝게 하는 月이

〈
어미를 향한 사랑이 변하지 않는
세상에 태어나게 한 은혜를 잊지 않는 月이
별이 별을 낳고 별이 사랑을 낳는 운명 같은 이야기

목선

어릴 적부터 보았던 목선은 꽤 크고 단단했지만

매일 망망대해를 항해하다 돌아와
항구에서 잠시 닻을 내린 채
소금입자처럼 고단한 흔적을 하얗게 남기곤 했다

회초리처럼 매서운 가르침보다
지혜로운 방향키로 목선을 이끌었던 날들

세월의 무게에 쌓인 각질도
선장의 어깨를 지탱해온 의지도
선박 모서리에 굳은살로 남아있었다

이제 긴 항해의 나침반을 접고
멍하니 허공을 응시하는 선장의 흐릿해진 눈빛

긴 세월 무거운 책임의 견장을 내려놓고
중량을 줄인 목선

바다로 나아갈 수 없는 목선은

매일 대야에서 물놀이를 즐기는 종이배처럼 가벼워져
찰랑거리는 손길 따라 목선의 아래 점차 물러지고
크기도 무게도 자꾸만 작아진다

잔잔한 풍랑에 자칫 흔들릴까 봐
갑작스런 태풍에 혹시 전복될까 봐
노심초사하며 버텨온

수면양말로 감싼 채
건강의 풍랑에 아슬아슬 흔들리고 있는
어머니의 안쓰럽고 아름다운 발

목선!

別離*, 또 다른 시작

갑작스레 천둥이 치고 번개를 번쩍 맞은 듯 혼미하다

땅이 진동하여 주저앉을 것 같다

하나의 역사가 시대의 장막 뒤로 숨으려 한다.

뒤돌아보니, 저 시들이 사는 광야를 인도해주시던 그 따스했던 손, 이제 없다

고아처럼 안개 속에서 헤매는 방랑자가 된다

기억의 필름이 소름 돋게 체화된다

세월로 쌓인 책장의 내면은 촉촉이 젖어 들고 겉면은 안을 위로하며 버티고 있다

이성의 조사는 영혼을 감싸 안고 감성의 조사는 또 다른 영혼을 뒤흔든다
언어들이 그들을 붙들고 다독인다
〈

유족의 눈에선 초점 잃은 시선들 바닥에 하염없이 뒹굴고
동인의 눈 앞엔 뿌연 안개 자욱히 낀다

아픔의 굴레를 벗어나 자유로워진 영혼의, 미련보다 홀가분한 뒷모습을 본다

아름다운 역사의 장을 마감하는 길목, 배웅하는 사람들 어깨 잠시 흔들린다

별리, 또 다른 시작이다

* 시문학 발행인 고 김규화 선생님을 보내드리면서.

3부

차선이어도 돼

잠시 휘청인다는 거
자신에게 집중하지 않았던 거야

순식간에 넘어진 거
전방을 주시하지 않았던 거야

끝내 균열이 간 거
스스로를 단단하게 돌보지 않았던 거야

'혼자 감당하려 하지 말라' 하던 그녀의 말
한 귀로 듣고 한 귀로 흘린 채
최선을 향해 균형추를 잡으며 달려왔던 거야

균열이 간 틈을 메우는 시간
중심을 잡기 위한 정교한 작업
나를 다시 일으켜 세운다

나를 단단히 지켜줄
견고한 내 집을 지어보자

차선이어도 충분해

기다림

기다림은 나와의 약속!

내 작은 뜨락에 목마른 풀이 자랐다

어느새 기다림은 삶의 일부로 박혀버려
만성이 되어가고

너를 쉬이 만날 수 없는 현실은,
무기력을 부르고 무의미를 낳기도 했다

무의미한 시간들 속
너를 만나리라는 기대의 싹을 틔우고
너를 그리워하며 인내의 뜨락을 일구었다

연못 안 고인 물처럼
내 안은 외로움의 녹조가 끼고 조금씩 탁해져도
언젠가 맑은 세상으로 나아갈 날을 기다렸다

사랑을 위한 기다림은
나를 한층 홀로 서게

너를 더욱 소중하게 각인시키며
가슴 가득 설렘으로 살게 했다

전원의 꿈

전북 완주로 이사한 후의 생활은 설렘이다

진입로 개나리 나란히 키재기하며 서 있고
뜨락에 보랏빛 나팔꽃 앞다투어 인사 건네는
밤나무 무성한 자손을 잉태하고
흰 꽃 소리 없이 나리는 고즈넉한 마을

소박한 기와집보다 마음에 들어오는 너른 텃밭

따사로운 장날 나가 우연히 발견한 고구마 줄기 더미
땅에 심으면 뿌리내려 넝쿨 된다는 소리에
신기한 호기심으로 한 묶음 사고

작은 화초처럼 앙증맞은
오이, 고추, 토마토, 가지, 상추, 깻잎 호박 옥수수 모종 사서
가지마다 열매 맺기를 기대하며

텃밭 황토 위에 검정 비닐 덮고
중간중간에 둥그렇게 숨구멍 뚫어주며 꿈을 심는다
잡념을 허용하지 않는 완벽한 텃밭을 꿈꾸며

〈
해 지고 난 뒤의 해갈은 생명의 시작!
이웃 덕분에 알게 된 수확의 기쁨
꿈의 시작!

서울 토박이, 소녀 시절 전원의 꿈 이루어본다

예고편이 없다

뱅-그르르 뱅-그르르
둥그런 몸을 굴리고 굴린다

가족의 몸에서 빠져나온
고단하던 시간의 편린들 둥둥 떠다니고
오염된 사회의 기억들 물분자로 부서지며
구정물 속의 섬유 입자들을 어르고 달래 새롭게 돌려주던

혹한이 엄습하던 어느 날
샷시 없는 베란다에서 일하다 언 발로 생을 멈추어버린
십수 년 과로와 야근에도 고스란하던 세탁기
갑작스런 작별

평생 계란을 나르며 둥글게 살던
참전 전우회 회원으로 봉사에 열성이던
당숙의 갑작스런 부음

생은 그렇듯 예고편이 없나 보다
내 가슴엔 하얗게 서리 내리고
생의 알 수 없는 두려움에 떤다

〈
영화의 주인공인 양 런닝타임에 맞추어 발버둥 치는 나
두려움 떨쳐내고 생의 페이스에 완급조절
오늘에 집중한다

존재감

텃밭 구석자리 한 평 땅
햇살보다 그늘을 안고 산 날이 더 많았던

꽃처럼 세간의 주목을 받지도
과실수처럼 대우받지도 못하는
흔하디흔한 야생초
아니 채소 그냥 깻잎……

비 오는 날은 비, 눈 오는 날은 눈
햇살 좋은 날은 햇살
스스로 팔 벌려 받아내며
악착같이 살아왔다

네모반듯한 한 평의 세상
더 이상 깊이 뿌리내리는 걸
더 이상 지면 넓히는 걸
허용하지 않았고
-이만큼! 정해놓고
더 이상 발을 뻗지 못하게 했던
〈

삼 년마다 그렇게 고비를 맞았던 내 일터
운신의 폭 넓히지 못하고 갈아탄 경력도
상승의 기회도 꿈처럼 날아가 버렸다

세상이 나를 주목하지 않거든
내가 세상에 다가가리라
거침없이 뻗어가는 가지의 패기로
굳은 의지 같은 굵은 잎맥으로
깊은 맛과 향기 내뿜으며 존재감 한껏 드높이리라

允惠를 志英으로

이름을 새로이 한다는 건
매일 써오던 익숙한 일기장을 버리는 아리고 서운한 일

감성과 이성 사이에 머뭇거리던
소극적이고 우유부단하던 내 과거와의 진한 단절

돌림자 대신 옥편을 찾아가며
아름답게 더 아름답게를 주문하던
몇 해 전 먼 나라 여행가신 아버지의 처음이자 마지막 창작물과의 이별

닿을 듯 닿을 듯 닿지 않던 인연의 끈을
이어주려 애태우던 혈육의 쓰디쓴 시도

내 역사에 떨림과 긴장의 한 줄을 넣고
나 아닌 나를 새로이 쓰려는
미래에 대한 당돌한 도전

성급하고 당찬 인연 만나 번갯불에 부지불식중 눈이 멀고
새로운 전환을 맞이한 계기

〈
'진실로 은혜로워라'에서 '적극적으로 뜻을 비추라'는
미래로의 갈망

나를 리셋한다는 건
나를 더 흥분되게 새로이 서게 한다

캘리를 만나고

고개 똑바로 들고 정면만 응시하던 ㄱ이 삐딱하게 고개를 치켜들고
기둥처럼 반듯하던 ㅣ가 구불구불 몸을 늘리고
늘 원만하게 품어주던 ㅇ은 기지개를 켜고 하품하며 딴짓한다
그래도 ㅕ는 그 옆에 비스듬히 기대어 선다
늘 잘 웃던 ㅋ은 키처럼 바닥에 드러눕고
ㅖ는 배를 쭉 내민 채 활처럼 몸을 휘어 가시를 숨긴다
정해진 길만 가던 ㄹ은 긴장을 풀고 다른 길을 모색해나간다.
캘리체로 변신한 자음과 모음이
내게 속삭인다

이제 고딕체는 가라
정형화된 말은 질린다
너를 꺼내어 말하라
가다 서고 멈칫하여도
때론 마음껏 내달려라
획일화된 언어는 소귀에 경
남의 가슴에 못이다

융통성도 없고 고지식하던

생의 레시피만 그대로 답습하던
틀 밖을 상상할 수 없던 나
완고하고 보수적이던 울타리를
넘는다

캘리그라피를 만나고
내 안에 자유와 반란이
삐죽삐죽 날을 세우고
틀 밖의 틀을 만들고 부수고 있다

변형과 변주가 나를 찾아왔다
새로운 나를 찾아 일탈을 꿈꾼다
이제 변신은 무죄?

사용설명서

톡톡 토토톡-
거침없이 사랑을 내뿜어요
쏴쏴 쏴사삭-
순식간에 마음을 열어줘요

단단하던 제 몸을 스스로 허물며
하루 한 알의 용기를
하루 한 번의 미소를
선물하는 발포정
칼슘 정제!

제조원의 주문대로 뼈로 가야 하는 길
간혹, 마음으로 가는 경우도 있으니
당황하지 말고 복용하세요

우리들의 만남도 정제처럼
단단한 모습으로 다가와
자칫 순식간에 녹아내리게 되니
초심자는 주의하기 바래요
〈

마음을 허물며 무의식중에 영양소가 되어주는
자칫 중독될 수도 있어요
다만 가슴이 따뜻해질 뿐이에요

한 달에 한 번씩 꾸준히 복용하세요
시 문 학!

쁘띠프랑스의 오후

무대 위에 오른 삐에로
가늘고 긴 줄에 머리, 팔, 다리가 묶여있다
아니 인생 전체가 묶여있다
긴 줄은 숙명이다
늘 버겁지만 자신을 믿는다

태어날 때부터 같이 나왔던 줄
삐에로는 긴 줄을 스스로 조절할 수 있다고 믿었을까
넘어질 듯 넘어질 듯
넘어지지 않으려 애쓰는
긴 줄이 신호를 보내는 대로
우스꽝스럽게 때론 넉살 좋게 행동하는

삐에로가 웃는다
우리에게 손짓하며
슬프면서 기쁜 눈으로
괴로우면서 즐거운 눈으로
우리를 바라본다
웃음은 슬픔의 일종인가 보다
〈

자식 앞에서, 가족 앞에서 난 삐 에 로
내게 매인 가족이라는 줄
운명 앞에서 웃고 있는 마리오네트
버겁게 이어온 삶의 질긴 끈을
마음대로 할 수도 끊을 수도 없는 생

마리오네트에게 진한 연민을 느끼는
쁘띠프랑스의 오후

생쥐와 함께 사는 생존법

내 머릿속엔 생쥐 한 마리 살고 있다

당차게 뇌혈관을 마구 헤집고 다니는 생쥐!
넓은 통로를 쏘다니다 좁아진 통로를 만나면
비집고 뚫고 지나가려 난장이다

어느 날 생쥐의 극심한 반란으로
타이레놀보다 강력한 한방이 필요할 때
망치로 일거에 잠재우는 궁리를 하지만
제 뒤통수 찍기라 이내 포기하고

생쥐가 슬며시 찾아와 오래 머무는 날엔
두피를 꾹꾹 주무르고 조목조목 집어 가며 달래니
어느새 진정된 듯 고요해지고

심지어 두 눈 모두 저절로 감기고
두 손 두 발 들고 항복하게 되는 날
결국, 렘수면 상태의 처방으로 생쥐를 잠재우고

소심한 정신과 혹사한 육체를 추스르며

생쥐와의 전쟁을 치르고 나면
건재함에 웃음 짓는 나를 발견한다

생이 작아질 때 깨달음이 크다

회 한 접시, 소통 한 접시

평평한 도마 위에 날 것 한 마리를 올린다
영롱하고 반짝이는 눈을 한 채
회 치는 칼을 잡는다

비늘을 벗겨내고 등, 가슴, 꼬리지느러미를 잘라낸다
배를 가르고 몸을 나눈다
곧은 척추만 남겨진 날것

예리한 시선과 고도의 집중력으로 살을 정돈한다
복잡한 인연의 얽힘도 잡다한 군더더기도 정돈한다

은하수처럼 빛나는 우리말 중, 최상의 단어와 문구를 꺼내어
행과 연을 재정립한다

정교하게 잘리고 다듬어진 날것
연잎 모양의 접시 위로 옮겨진 반짝이는 나신
이제 선택되기를 기다린다

지나온 삶의 기억들, 추레하고 어두운 껍질을 벗고
은유의 기법으로 다가온다

매번 돌려 말하는 애매모호한 어법은 두통을 유발할 뿐이라 문장의 회를 과감히 친다

생은 잡다한 수사보다 간결하고 명확한 소통이 필요하다

만두 대장

이른 새벽,
하루를 붉게 점화하는 이가 있다

부지런한 손놀림으로 마음을 빚는 이!
온갖 물컹한 사연도 담아낼 것이다

쫄깃한 하루가 둥글게 빚어지고
맛깔스런 소가 잘게 다져져
마음을 알차게 부풀릴 것이다

살풋 마음을 울려놓으면
뜨거운 김이 후끈 세상을 데울 것이다

뜻밖의 일로 칩거 중이던
몸이 고장 나 마음도 찌그러진 소심한 내게
친구가 사다 준 마음 여덟 덩이

통통하니 살 오른 녀석이 말을 걸어온다
-마음이 굳어지지 않게
-마음이 터지지 않게 조심하라구

〈
너그러운 가슴을 내어주는 만두
그 마음을 맛있게 먹는다

만두 대장!
숙연히 마음을 조아리며
다시 하안거에 들었다

孤獨經

목차도 단원 구분도 없다
삼십 년 동안 읊으며 무던히도 살아왔다

새벽, 어두운 고요를 뚫고 신을 뵈러 가는 길목에도
아침잠 설치며 전장 같은 일터로 출근시키고 난 후에도
고독경을 늘 옆구리에 끼고 있었다

새벽 4시든 5시든 간소하게 차린 정성을 내밀면
입맛보다 감동을 입안에 욱여넣고 훈련장에 가던 사나이

가장이 부재중이던 밤이면
한탄강 불모지에서 갑자기 들려오는 포 소리
퉁-투둥- 퉁-투둥-
두 살배기 아이를 신의 발꿈치 붙들듯 꼭 끌어안고
긴 밤을 초 단위로 세며 밤의 험로에 몸서리쳤던

일주일이든 열흘이든 한 달이든
공방의 모든 순간을 채워주기에 읽고 또 읽으며 참회하던

전생에 애첩을 끼고 살던 한량이었나 봐

스스로에게 농반진반을 던지며
읽을수록 단단해지고 홀로일수록 더 심취할 수밖에 없었던
그리움의 불똥이 될까 봐 노심초사하던

관사동의 불빛이 하나 둘 꺼질 때
야간 근무 서듯 뜬금없이 불침번을 서기도 했던

강산이 몇 번 바뀌는 동안
고독경을 읽은 공덕으로
가파른 생의 언덕도 중년의 위기도 무사히 넘어왔다

시간의 톱니바퀴에 그리움보다 애틋함이 문장으로 빼곡하여
가슴 한켠이 단단해지던 시간들
하늘이 내린 고독경은 그렇듯 아릿한 깨달음의 지침서였다

대상을 받고

생애 첫 도전인 '자전거 안전교육'

'몸치'에 '운동치'라는 콤플렉스를 안고
선선한 가을바람에 일주일간
날개 단 듯 자전거 페달에 하나씩 의욕을 얹어
걸음마하듯 차근차근 둥근 욕망을 굴린다

과욕인지 운수 나쁜 날인지
유턴 중 뒤로 자빠지고 옆으로 쓰러지고
골절의 공포 몰려와 돌아와 누운 오체투지

붉은 모래등에 말간 방울꽃 자그맣게 영역 표시하더니
수가 늘고 더욱 붉게 확장해가는데

어릴 적 물의 머리가 내 몸 신경절에 남아
씨를 뿌리고 거점을 확보한 채
긴 세월 잠복해 있었나

삼 일째, 독거미가 방울꽃을 점령하고
모래등 한가운데 떡 하니 자리 잡아

독침을 쏘아대며 거세게 공격해

매일 화학물질로 반격하고
독거미 퇴치제를 써보아도
쉽게 사그라지지 않았는데

스트레스 인자, 풍선에 걸어 권층운 밖으로 날리고
피로의 족쇄, 긴 숙면의 수레에 실려 보내니
거미, 검은 독을 거두며 점차 사멸하더라

인간이 스스로 몸을 지키는 건
마음자리 한 평 제대로 살피고 속도 조절,
과욕은 금물이더라

하나의 장을 넘기며

꿈은
오랜 갈망 끝
간절한 기다림 끝에 내 것이 되어온다
힘겹게 끌고 온 집착의 수레를 내려놓은 뒤에
수레가 손에서 떠난 가슴이 허허롭게 비워지고 나서
쉬이 취할 수 없는 세상사
겸허히 배우고 나서
불현듯 선물처럼 온다

꿈은
현실의 자신을 떠나 스스로를 갈고닦은
부단한 노력 끝에 온다
포기하고 싶은 욕구를
목젖까지 치밀어오르는 불가역의 소망을
삼키지 않고 연명할 때
운명처럼 내 뺨을 후려치며
현실로 다가온다

가슴 가득 차오르는 기쁨 온전히 누릴 사이도 없이
그림자처럼 슬픔을 달고 오기도 한다

때론 가슴 저미는 슬픔의 먹구름이 비를 쏟고 난 뒤
격려의 햇살처럼 기쁨을 비춰주기도 한다
간혹 기뻐해야 하나 마냥 기쁘지 않은 순간
씁쓸히 억지웃음 지으며 맞이하기도 한다

짧은 기쁨 뒤의 긴 슬픔도
긴 기쁨 뒤의 짧은 슬픔도
신의 섭리라 해야 하나
자연의 순리라 해야 하나

인생 단편 하나의 章을 넘기며
영원히 남는 의문형으로

4부

생각의 전환

비장한 얼굴로 출근을 한다
동네 마트 옆 두 평 남짓한 공터가
노파의 작업장이다

버려진 껍데기들을 불러 모은다
사각의 틀을 해체하고
허식의 비닐도 벗겨내어
소중하게 리어카에 싣는다

검게 그을린 얼굴에 붉은 조끼 걸친
지난한 시간들로 쪼그라든 체구의
노파에게
껍데기는 비었지만 소중한 알맹이다
껍데기는 납작하지만 따뜻한 사랑이다
껍데기의 부피만큼 차오른 내일이
리어카에 차곡차곡 쌓인다

나는 버리려다 쌓아둔 알맹이들을
선물인 양 끌어안고
노파가 있는 공터로 향한다

초점 맞추기

김장 무를 사러 집을 나선다

대형마트 안,
대량수매로 던져진 무더기
고단한 몸들 포갠 채 늘어져 있는 모습에서
가치의 나른함이 읽혀 실망하고 돌아선다

시장골목 공터에
천막을 친 두 평 남짓의 채소가게
푸릇푸릇 짱짱하게 팔 벌리고
탱글탱글 윤기 나는 몸 내민 가치 몇 단
그 옆 푸른 가치 지키고 있는 할머니가 보인다

대형마트의 가치는 한 단에 육천구백 원
할머니의 가치는 한 단에 만 원
싱싱한 가치를 내놓은 할머니에게
여유와 당당함이 묻어난다

자존심으로 묶은 두 평의 공간
가격이 아니라 값어치를 내세운 기지

할머니의 가치는 자존심이었다

박리다매, 떨이가 판치는 시장판에서
자존심 지키며 생존하는
반짝, 반짝 빛나는 인생
눈 안 가득 들어온다

내 인생의 가치에도 싱싱하고 당당하게
초점을 맞추어 보자

아스팔트 위 비둘기

이른 아침
아스팔트 위를 거니는 비둘기들

자동차가 속도를 내며 지나가도 아랑곳하지 않는
날기를 포기한 채 먹이만 쫓는 그들
배고픔이 두려움도 잊게 했나?

먹이 찾아 길 떠나던 새벽 같은 부지런함도
울창한 숲속 누비던 푸른 낭만도
먼 곳에 소식 전하던 따사로운 봉사 정신도
화려한 축하사절의 명예도 포기한 채

망각의 도시 속
미아가 되어버린 날지 않는 새
울타리서 호식하는 닭이 부러울까

자유를 갈구하지만
굶주림을 두려워하는 거리의 부랑아

육중한 몸매 씰룩거리며 먹이만 쫓는

타락한 새 되어버린 그들 곁을
씁쓸한 마음으로 지나쳐간다

변해가는 우리네 모습을 생각하며……

물망초

그를 잊지 말아요

애초에 그날은
짝사랑에 가슴앓이하던 소녀들에게
용기의 촛불을 피워준 멋진 날인 줄 알았어요

성인이 되어선
이웃나라에서 건너온
계산적인 상술이 만들어 낸 얄팍한 날인 줄 알았어요

시간이 더 흘러선
로마시대 사제가 연인들에게 남몰래 사랑의 결실을 입증해 주다
희생된 안타까운 날인 줄 알았어요

이제 제대로 알았어요
조국에 해방의 꽃을 꺾어주려다 역사의 물살에 떠내려간
청년의 사랑을

북두칠성을 등에 새기고 태어난 웅칠!

청년의 몸으로
압제의 늪에 빠진 조국의 운명을 구하려던
유린당한 아시아 평화를 제자리로 되돌리려 했던
하얼빈 의거로
사형선고 받던 그 아픈 날
이월 십사 일……

그날을 잊지 말아요

여의도 어르신들 들으셨나요?

남해 통영 앞바다
바위틈이나 양식장에서 파도의 공세에도 알차게 피어난 석화
서해 목포 앞바다에서 무리 지어 살아남은 새우
동해 한류 타고 내려와 깊은 맛 간직한 명태

수산 시장 안으로 속속 모여들어
비릿한 바다 내음 어민의 땀 내음
질퍽한 사람 내음 그득하네

해남의 너른 밭에서, 시원한 해풍 햇살 그러안고 풍성하게 커온 배추
경기도 백학에서 주야로 기온 차 이기고
야무지게 결실 맺은 고추
따사로운 충남 예산의 아릿한 쪽파
전남 여수의 톡 쏘지만 먹을수록 감칠맛 나는 청갓, 홍갓
무안에서 온 까도까도 새로운 양파
충남 서산에서 온 느긋하지만 단단한 시간의 결정체 육쪽마늘
강원도 찬바람 흙속에서 묵묵히 인내하며 자란 달달한 무
경북 청도에서 상경한 아삭아삭 미나리
〈

햇살의 공평한 손길, 흙의 구수한 살내음,
농민의 정직한 땀 내음 녹아들어 생글생글한 채소들

신안 앞바다 햇살에 몇 날 며칠 시달리다 온 소금
강진에서 환골탈태한 새우젓까지 가세하여
배춧속으로 살포시 안기니

전국에서 이름깨나 한다고 올라와
제 성질, 제맛 고집하지 않고 한데 어우러지니
김장김치 맛
일품이네

여의도 어르신들 들으셨나요?

가벼워질까?

매일 반복되는 지루한 일상은
수시로 변모하는 계절의 현란한 옷자락에 맡기고

간절하게 기다리는 꿈은
마음 비우고 난 뒤 등 뒤에서 오는 때(時)에 맡기고

갑자기 다가오는 운명의 파도는
떠도는 바람에 운행을 맡기고

오래도록 함께하길 바라는 인연의 끈은
높디높은 하늘에 맡기고

절치부심 노력해도 성공이 안 보이는 일은
질기고 질긴 세월에 맡기고

맡기고
맡기다 보면

가벼워질까?

돈쭐의 정체

돈으로 혼쭐을 낸다?
발칙한 언어이다

자본주의의 꽃을 수단으로
상대를 사정없이 후려치듯
정신 나게 한다는 것인가?

혼쭐의 대상이 누군가에게
언제 어떻게 얼마나 큰 감동의 쓰나미를 안겼기에
어느 날 갑자기
생면부지의 남들에게 돈쭐을 당하는 것일까?

이기적으로 살아와 피해를 주는 이를 혼쭐내기보다
이타적으로 살아온 사람을 돈으로 혼쭐내는 세상

돈쭐은 반드시 돈주머니의 부피와 비례하지 않는다
심장 온도와 정비례하기도 하며
대뇌피질과 편도체의 합작이기도 하다

한국인이 창조한 돈쭐 문화!
기발하고도 따뜻한 소통이다

스-플 스-플 스-플

길고 가느다란 관에 입을 맞추는 여인
여인의 입은 자궁이며
가느다란 관은 탯줄이다
탯줄의 작은 구멍을 통해 힘차게
세상 밖으로 나온 아기새들

한 마리 두 마리 세 마리……
스-플 스-플 스-플
새들 지저귀는 소리
수풀을 이루고
작은 숲을 이루고
마침내 숲속에 둘러싸인다

청아한 새들의 합창, 가슴속으로 들이마시고
번뇌로 오염된 내 숨, 세상 밖으로 밀어낸다

생명을 잉태하고 있는 가룽빈가*!
〈안단테와 론도〉*를 연주하며
천국의 메시지를 전하려는 듯
자유로운 선율은 점차 최고조에 달하고

〈
경쾌하고 청아한 풀룻 그 감동의 연주에
진한 박수를 보낸다

소리의 힘은 위대하다

　* 가릉빈가(**迦陵頻伽**) : 범어로 갈라빈카. 불경에 나오는 상상의 새. 아름다운 극락조라고도 한다.

　* 안단테와 론도 : 알베르토 프란츠 도플러가 작곡한 두 대의 풀룻을 위한 듀엣곡.

욜로의 밤

어둠이 짙은 여의도 한강공원
발 디딜 틈 없는 아베크족의 물결
푸른 잔디밭을 일찌감치 점령한 시민들

얼마 전까지
대륙과 해양을 넘나드는 미사일로
움츠러들고 긴장하던 기억은 잊었다
아니 잊고 싶었던 게다

팡! 팡! 팡! 팡!
허공 가득 눈부시게 피어나는
황금빛 연분홍빛 진분홍빛 붉은빛 보랏빛 꽃망울
점에서 선으로,
선에서 꽃으로
중심에서 방사방으로
평화의 꽃 눈부시게 수놓아지는 밤

숨죽이며 지켜보던 시민들의 탄성
이웃은 전쟁강박증에 볼모가 되고
자유 대한민국은 전쟁불감증으로 긴 밤을 태우며

오늘을 사는 욜로YOLO의 밤

내일을 위한 청약저축도 연금저축도
기대할 수 없는 욜로YOLO족
전염처럼 퍼져간다

뒤숭숭하고도 평온한 오늘
혼돈의 기억은 잊고
너와 나, 우리
평화의 꽃수 영원히 새기는 날
인내하며 기다린다

포노사피엔스*

매일 아침 눈을 뜨면 너를 끌어안는다
너의 눈빛을 확인하고 밤새 잘 있었나 살핀다
배고파하면 얼른 일어나 아침밥을 챙겨준다

네 몸이 0에서 99.9,
아니 100개의 알을 다 먹을 때까지
충분한 시간을 주고
때론 급속으로 네 배를 채워준다

난 공복인 채로
배부른 네 세상을 들여다본다.
나의 세상은 너무 단조롭거나 너무 반복적이기에
매일 새롭고 매일 달라지고 매일 충격적이고
나날이 변신하는 네 세상을 즐긴다

사실이거나 날조이거나
날 것이거나 변형된 쪼가리들을 주워보기도 하고
블로그에서 다양한 군상들을 만나보기도 하고
신기하고 미묘한 세상을 체험하며
롤러코스터를 즐긴다

〈
꼰대족도 X세대도 MZ세대도 α세대도
Red devil이거나 아니거나
블루라이트를 따라 열광하는
포노사피엔스˙

우린 너로 인해 하나 되는 종족이다

* 포노 사피엔스(phono sapiens) : 스마트폰을 24시간 끼고 사는 세대를 말함. 영국 이코노미스트 기사에 이 용어가 처음 실렸으며 한국에선 최장집 교수가 포노 사피엔스란 책을 냈다.

하수구 뚫기

밤새 취한 도시는 헛구역질을 해대고
창밖 고성방가는 자장가가 되어버린 도시
공권력 짓밟힌 민중의 지팡이
주폭에게 손해배상 청구 엄두도 못 내고

전철에서 내린 푸른 작업복의 남자들
인력시장으로 서둘러 걸음을 옮기지만 이내 실망하고
매일 박스 주우며 리어카 끌던 노인
젖은 가슴 내려놓는다
비 오는 날은 공치는 날!

열정 페이로 포장된 노동의 권리
지도층 인심 쓰듯 혈세로 보호되고
자리가 사람을 만드는 지 사람이 자리를 만드는지
알다가도 모를 세상

오물더미에 하수구가 막혀
내려가질 못하고 있는 지금

밤새 창밖이 요란하다

하늘에서 무차별적으로 퍼부어댄다

선량한 경희 떠내려가고
시장통 영수 떠내려가는데
꽉 막힌 하수구 뚫지 못한다

맛평회

미식가들의 맛평회가 열리는 레스토랑

쌀밥에 두부된장국, 배추김치에 풋고추와 상추, 쌈장
간소한 상차림

현미밥에 미역국, 오이냉채 고사리무침 표고버섯 취나물 콩나물 등 자연에서 채취한 신선한 상차림

영양밥에 갈비찜 문어숙회 더덕구이 녹두전 전복회 훈제오리 연어샐러드 궁중떡볶이 잡채 등 육해공에서 얻은 다채로운 상차림

첫 번째 상차림은 농부의 밥상
소박한 상차림으로 한 끼 만족한 식사를 한다

두 번째 상차림은 성인병을 앓는 이들을 위한 밥상
다양한 채소들로 건강한 식사를 한다

세 번째 상차림은 예전 수라상에 오를 만한 화려한 밥상
눈과 입이 즐거운 식사를 한다

〈
다양한 소재에 각양각색의 감성으로 버무린 시들

소박한 시를 먹고 누군가는 마음이 편안해지고
순수한 시를 먹고 누군가는 예전의 소년 소녀를 만나고
건강한 시를 먹고 누군가는 마음에 위안을 얻고
화려한 시를 먹고 누군가는 포만감을 느끼다 소화불량이 오기도 하고

시는 정답이 없다고 하는데
먹는 이의 속에, 보는 이의 가슴에
영양소가 되어주기도 하는 시의 한상

오늘의 장원은 테마가 있는 건강 밥상이 선정되었다

편견에 대하여

1.
태안서 옹도로 향하는 뱃길
후미에서 따라오는 삼각의 비행 편대

노선 없는 바닷길 따라 자유를 만끽하는
끝없는 여정의 낭만 즐기는
쉽게 먹이 받아먹고 노니는
백수라 폄하했던
갈매기들

허나, 먼 길 기약 없이 질주하는 수천수만 번의 날갯짓
제 순서에 먹이 받아먹고 자리 양보하는 선순환
힘껏 차오르다 다시 저공비행 성공해야 하는
고단한 조종사의 트랙
바닷속 먹이 먼저 투시해 낚아채는
경쟁의 격전장이다

2.
사찰 경내에 매달린 오색찬란한 연등 대신
카메라 렌즈가 향한 곳은
마당에 반복무늬처럼 둥글고 검게 찍힌 그림자
그저 배경일 뿐이라고 지나쳤던

무채색 그림자가 주연이 되고
구석에 유채색 옷 입은 여인은 조연이 되는 사진
편견의 벽을 무너뜨린다

살아가며 때론 한 면만 보는 시각이
섣부른 단정을 부르고 편견을 낳기도 한다

보이는 것만으로 용기의 날개 꺾지 않기를
그 안의 속사정 들어볼 일이다

보이는 게 다가 아니다

쉼표의 길이가 중요해졌어요

따개비가 군락을 이뤄요
햇살이 붙어 점점 더 팽창할 것 같아요

이따금 들락날락하는 생명체들
따개비 안에서 늘어지게 자다가 놀다가

한바탕 파도 덮치듯 바람의 갑작스런 싸대기에 잠시 휘청할 뿐
본거지 비워두고 작은 따개비 임시캠프에
껌딱지처럼 들러붙어 기울어지는 오후를 즐겨요

코로나 삼 년이란 지독한 시간, 동굴 속에서 지내다 보니
보상이라도 받으려는 듯
온 가족이 이사 나온 것 같아요
아니 온 동네 개미가 다 쏟아져 나왔나 봐요

쉼표는 웅장하고 멋진 오페라 공연장이 아니라
소소한 소품 들고나와
해와 노닥거리고 강과 출렁거리다 오는 건가 봐요

이젠 집의 크기보다 쉼표의 길이가 중요해졌어요

어제의 긴장을 풀고 숨 쉴 공간을 확보해보세요

반포 한강공원
따개비 천국처럼요

자투리

보고서 사진으로 오리고 남겨진 종이조각들
주인 잃은 강아지

직사각 정사각 계단형 막대형
크기 서로 다르게 제각각의 모양으로 잘린 나머지
여백들 서로를 멍하니 바라본다

동등하게 태어나
한 운명인 줄 알고 당당히 세상을 향해 나섰건만
뜻하지 않게 생이 잘리어 두려움에 떨고 있는
비루한 운명

보고서 계약서 인증서 가입서
VIP로 몸값 높이며 떠나간 다른 용지들의 뒤
쪼가리 찌끄러기가 돼버린 몸

'누군가의 전화번호, 누군가의 계좌번호
가스계량기 수치, 잊기 쉬운 비밀번호라도 없나요?'

'포스트잇 대신

당신의 책갈피, 기억의 페이지에 유용하게 꽂아 준다면
온몸을 다하겠어요'

생은 때론 보잘것없지만
어떻게 생각하느냐에 따라 존재가치가 달라지니까요

길 끝에서 새로운 길을 찾을 수 있다면……

■□ 해설

작아짐에서 깨닫는 울림을 찾아서

문정영(시인)

　인간은 유한에서 무한으로 가는 수많은 통로를 가지고 있다. 그 통로 중 하나가 시쓰기이다. 시인은 기억과 상상을 통해 유한한 세상을 새롭게 형상화한다. 詩作을 통해 자신을 표현하고 세계와 소통하여 카타르시스를 경험하며 무한을 추구한다. 이때 시인의 정서(환경, 배경)는 시의 밭이 된다. 시인의 상상력, 어휘력, 낯설게 하기가 시의 줄기로 구체적으로 이미지화된다. 그런 기본적인 틀에서 볼 때 권지영 시인의 시세계는 자연스럽고 인간적이며 현대적이다.
　『시문학』창간인인 문덕수 선생님에 이어 "저 시들이 사는 광야를 인도해주시던 그 따스했던 손"인『시문학』발행인 고 김규화 선생님을 보내면서 "한 달에 한 번씩 꾸준히 복용"해온 모지인 "시 문 학!"이 폐간되는 아픔을 겪는다. 이제 진짜 홀로서기를 해야 하는 권지영 시인의 시세계를 오롯하게 들여다볼 기회를 이번에 갖게 되었다.

권지영 시인은 시인 자신의 체험에서 획득한 인간 삶의 모습, 사회현상을 연륜에서 가져온 지혜와 잠언의 경구를 통해 잘 드러내었다. 즉 시인이 찾아낸 시적 대상을 통하여 사람이 살아가는 모습, 인간의 내면적인 심성을 반짝이는 문장으로 끌어내어 독자에게 환하게 보여준다. 그의 시편들을 읽어가면서 그 의미들을 새겨보자.

1. 현대를 살아가는 사람들의 지난한 파문들 그리고 편견들

현대인은 밀도가 높은 사회에서 살고 있다. 작고 초라한 것은 설 자리가 점점 축소되고 있다. 그중 어떤 것은 스스로 존재감의 몸피를 불리고 마침내 수면 위로 분수처럼 솟구친다. 과거의 모습과 현재가 교차하면서 '공복인 채로 배부른 세상'을 투명하게 들여다본다. '단조롭거나 반복적인 일상의 쳇바퀴에서 나날이 변신하는 블루라이트에 열광하는 종족'인 현대를 사는 우리다. 손안에 든 작은 세상이 그 어느 때보다 파문의 힘이 아프게 느껴지기도 한다.

"허나, 먼 길 기약 없이 질주하는 수천수만 번의 날갯짓/ 제 순서에 먹이 받아먹고 자리 양보하는 선순환/ 힘껏 차오르다 다시 저공비행 성공해야 하는" "경쟁의 격전장"에서 "살아가며 때론 한 면만 보는 시각이/ 섣부른 단정을 부르고 편견을 낳기도 한다" 때론 "보이는 것만으로 용기의 날개 꺾지 않기를/ 그 안의 속사정 들어"보면서 시인은 세상의 편견을 깨부수기를 원한다. 그러면서 "보이는 게 다가 아니다"라는 지혜의 말을 남긴다. 어쩌면 권지영 시인이 이 시집 전반에 남기고 싶은 행간이 아닐는지.

그러면서 시인은 작아져 보잘것없는 것을 몸 낮추어 올려다본다. 시적 화자의 시선에 따라 보잘것없는 것의 존재가치는 달라지기 시작한다. 세상을 '한 면만 보는 시각이 섣부른 단정을 부르고 편견을 낳'는다. '스스로 빛난 적 없이 자신의 어두운 뒷모습 한번 보여준 적 없는' 것들의 속사정을 들어본다. 아마 권지영 시인의 시쓰기의 시작은 여기에서 발화되었을 것이다.

꿈은

오랜 갈망 끝

간절한 기다림 끝에 내 것이 되어온다

힘겹게 끌고 온 집착의 수레를 내려놓은 뒤에

수레가 손에서 떠난 가슴이 허허롭게 비워지고 나서

쉬이 취할 수 없는 세상사

겸허히 배우고 나서

불현듯 선물처럼 온다

꿈은

현실의 자신을 떠나 스스로를 갈고닦은

부단한 노력 끝에 온다

포기하고 싶은 욕구를

목젖까지 치밀어오르는 불가역의 소망을

삼키지 않고 연명할 때

운명처럼 내 뺨을 후려치며

현실로 다가온다

……

짧은 기쁨 뒤의 긴 슬픔도

긴 기쁨 뒤의 짧은 슬픔도

신의 섭리라 해야 하나

자연의 순리라 해야 하나

인생 단편 하나의 章을 넘기며

영원히 남는 의문형으로

- 「하나의 장을 넘기며」 부분

　시인은 "힘겹게 끌고 온 집착의 수레"를 내려놓고 "가슴이 허허롭게 비운" 뒤에야 '선물처럼 온 작은 것들의 버려진 껍데기'들을 불러 모은다. 틀을 해체하여 "시간의 톱니바퀴에 그리움보다 애틋함이 문장으로 빼곡"한 "가슴 한켠"이 "단단해진 시간들"로부터 아릿한 깨달음을 얻는다. 외부에서 배척된 시간이 아닌, 스스로 시적 자아의 내면에서 찾은 '삶의 지침서'를 꺼내든 것이다.

무대 위에 오른 삐에로

가늘고 긴 줄에 머리, 팔, 다리가 묶여있다

아니 인생 전체가 묶여있다

긴 줄은 숙명이다

늘 버겁지만 자신을 믿는다

〈

태어날 때부터 같이 나왔던 줄

삐에로는 긴 줄을 스스로 조절할 수 있다고 믿었을까

넘어질 듯 넘어질 듯

넘어지지 않으려 애쓰는

긴 줄이 신호를 보내는 대로

우스꽝스럽게 때론 넉살 좋게 행동하는

삐에로가 웃는다

우리에게 손짓하며

슬프면서 기쁜 눈으로

괴로우면서 즐거운 눈으로

우리를 바라본다

웃음은 슬픔의 일종인가 보다

자식 앞에서 가족 앞에서 난 삐 에 로

내게 매인 가족이라는 줄

운명 앞에서 웃고 있는 마리오네트

버겁게 이어온 삶의 질긴 끈을

마음대로 할 수도 끊을 수도 없는 생

〈

마리오네트에게 진한 연민을 느끼는

쁘띠프랑스의 오후

- 「쁘띠프랑스의 오후」 전문

 생은 잡다한 수사보다 간결하고 명확한 소통이 필요하다. 그래서 "생이 작아질 때 깨달음이 크"(「생쥐와 함께 사는 생존법」)게 다가오는 건지도 모른다. 시인은 커다란 운명 앞에서 "햇살보다 그늘을 안고 살"거나 "대우받지도" "주목받지도 못하는 흔한" "버겁게 이어온 삶의 질긴 끈을/ 마음대로 할 수도 끊을 수도 없는" 작은 것들에게 진한 연민을 느낀다. 웃는 마리오네트의 표정에서 시적 화자는 마리오네트의 진짜 속사정인 "슬픔의 일종"을 느낀 것이다. 우리 또한 몸 전체가 묶인 줄을 의식하지 못하고 버겁지만 유전된 힘으로 세상에 맞서 줄의 길이를 조절하고 산다. 이 시집의 표제작인 이 작품 한 편에 권지영 시인의 삶을 바라보는 태도가 잔잔한 파문으로 담겨 있다.

2. 새로운 운명의 지향점에서

오랜 시간 사회적 구성원으로 정해진 일과에 맞춰 정해진 결과들을 만들어 내기 위해 기계처럼 살아왔던 자기 모습을 마치 삐에로처럼 묘사한 「쁘띠프랑스의 오후」를 읽으며 팔과 다리를 가만히 손으로 쓸어본다. 나도 그녀처럼 보이지 않는 줄에 매달린 마리오네트 인형은 아닌가 되돌아본다. 웃음은 슬픔의 가면. 입꼬리가 내려온 적 없을 표정으로 웃고 있는 마리오네뜨가 되어 자신을 필요로 하는 이들의 부름에 대답하며 밭은 숨을 내쉰다. 그러다 움직이던 인형이 햇살 부서져 내리는 어느 날 오후, 자신 앞에서 춤추고 있는 걸 보게 된 시인. 인형의 얼굴이 자신으로 치환이 되고 마음대로 끊어낼 수 없는 줄을 달고 있던 자신에 대한 연민에 닿는다. 그러나 권지영 시인은 그 자리에 멈추지 않고 새로운 운명을 개척하는 자신만의 눈길을 찾아낸다. 그리하여 '변신'을 꿈꾸는 시인은 "완고하고 보수적이던 울타리"를 넘어선다. 이 시집에서 몇 번 언급되는 '울타리'는 결국 시인이 뛰어넘고 싶은 일탈일 것이다. 시인이 그런 탈출을 꿈꾸지 않는다면 새로운 운명을 어찌 맞이할 수 있겠는가.

고개 똑바로 들고 정면만 응시하던 ㄱ이 삐딱하게 고개를 치

켜들고
　　기둥처럼 반듯하던 ㅣ가 구불구불 몸을 늘리고
　　늘 원만하게 품어주던 ㅇ은 기지개를 켜고 하품하며 딴짓한다
　　그래도 ㅕ는 그 옆에 비스듬히 기대어 선다
　　늘 잘 웃던 ㅋ은 키처럼 바닥에 드러눕고
　　ㅖ는 배를 쭉 내민 채 활처럼 몸을 휘어 가시를 숨긴다
　　정해진 길만 가던 ㄹ은 긴장을 풀고 다른 길을 모색해나간다.
　　캘리체로 변신한 자음과 모음이
　　내게 속삭인다

　　이제 고딕체는 가라
　　정형화된 말은 질린다
　　너를 꺼내어 말하라
　　가다 서고 멈칫하여도
　　때론 마음껏 내달려라
　　획일화된 언어는 소귀에 경
　　남의 가슴에 못이다

　　융통성도 없고 고지식하던

생의 레시피만 그대로 답습하던

틀 밖을 상상할 수 없던 나

완고하고 보수적이던 울타리를

넘는다

캘리그라피를 만나고

내 안에 자유와 반란이

삐죽삐죽 날을 세우고

틀 밖의 틀을 만들고 부수고 있다

변형과 변주가 나를 찾아왔다

새로운 나를 찾아 일탈을 꿈꾼다

이제 변신은 무죄?

― 「캘리를 만나고」 전문

  일상의 변화는 작지만 그 여파의 물결은 클 수 있다. 변화를 시도한 만큼 시인이 보는 것과 세상에 보여지는 것의 간극은 벌어질 것이다. "정면만 응시하던" 풍경과 "삐딱하게 고개를 치켜"드는 풍경의 차이는 반듯했던 것의 틀을 부수고 다른 각도로 다가온다.

"정해진 길만 가던 ㄹ"이 '긴장을 풀고 다른 길을 모색'한다. 이제 '답습'은 '울타리'를 넘는다. '변형과 변주'를 찾았는데 '자유와 반란'은 어쩌면 자연스러운 현상이라 할 것이다. 그것이 권지영 시인이 추구하는 새로운 길이다

나이를 먹을수록 삶의 방향에 관한 생각이 깊어진다. 내가 사용하는 언어, 내가 습관적으로 행동하는 모습들이 나의 삶을 들여다볼 수 있는 어떤 지표가 된다. 그래서 앞으로의 시간들을 어떻게 살아갈 것인가에 대한 고민이 누구에게나 있다. 시인은 3부의 시들을 통해 그러한 자신의 고민과 탐색에 대해 말한다. 「캘리를 만나고」 자신의 손끝에서 완성되는 글자들의 모양을 다양한 표정으로 서술한다. 정형화된 말, 고딕체의 글들을 던져버리고 상투어들로 다른 이들의 가슴에 못처럼 박히던 말들은 이제 지양하겠노라 선언한다. 완고하고 보수적인 언어의 가시울타리를 넘어 내 안에 담겨 있던 순수한 언어들을 표현할 수 있는 글자, 캘리그라피를 배우며 기뻐하는 시인의 모습이 아름답고 선하다. 변형과 변주가 가능하기에 마음결을 가장 잘 드러낼 수 있는 글씨를 쓰며 행복해한다. 독자들은 어떤 언어로 나만의 노래를 쓸 수 있을까? 시인의 시를 읽으며 생각에 잠기게 될 것이다.

그가 걸어온 길은

가파르다가 완만하다가

내리막이다가 오르막이다가

그의 생은 역사의 한복판에서 험난했으나

세상사 풍파 목격하며 단단해졌다

암석 같은 뒷모습이 든든하다

끝내 그와 정면으로 마주하니

머리숱이 없고 좁은 어깨 작은 두상

안쓰럽다

길은 세 번이나 툭 불거진 등으로 나를 속였고

마침내 바라본 정상은 **最高奉**이 아니라

최고로 단단한 봉우리였다

......

남의 살아온 내력을 모르고 함부로 남을 속단하지 마라

인왕을 모르고 서울의 역사를 논하지 마라

지나온 세월 서울을 내려다보며 견뎌온 인왕산이

내게 던지는 말이다

　　　　　　　- 「함부로 속단하지 마라」 부분

"변형과 변주"를 꿈꾸지만 시인은 한편으로 '함부로 속단하지 마라'라는 "살아온 내력"을 굵은 선으로 이루어진 수묵화를 바라보듯 마주한다. 자연에 대한 경외감을 갖게 만드는 힘찬 어조의 시를 통해 타인의 삶에 대해 함부로 평가하고 재단하려는 인간의 속된 속성에 대해 꾸짖는다. 묵묵히 한자리에서 모든 시간을 감내한 존재들만이 볼 수 있는 통찰은 귀 기울이는 이만 들을 수 있다. 이 시를 통해 우리는 우리도 모르게 가벼워질 입술의 소리들에 대해 침묵할 수 있는 겸양을 배운다. 이것이 권지영 시의 아우라이다.

3. 인간과 세상이 어우러지는 균형으로

이제 작아짐으로 깨닫는 울림을 들여다볼 차례다. 아래에서 위를 쳐다볼 때 우리는 경외한다. 그리고 배려하며 베풀 줄 알게 된다. 시인이 시를 쓰는 이유이기도 하다.

고온 건조한 봄 공기가

전봇대로 날아간 농사용 비닐이

홧김에 던진 누군가의 불씨가

모두 용의선상에 올랐다

의심할 만한

충분히 있을 법한

심증은 가되 물증이 명확지 않은

용의자들

……

매년 봄마다 주의! 감시! 등

방어에 만전을 기한다고 하지만

방심과 소홀의 작은 틈을 비집고

목줄을 조이는 불의 반란

사투 끝에 화마를 잡았지만

매번 정체를 바꾸며 출현하는 방화범

당신의 가족일 수도 있는

강원의 한숨을 듣고 있는지……

- 「강원의 한숨」 부분

자연에 우리는 어떤 존재일까? 삶의 많은 시간을 공유하는 공간들은 여러 가지이다. 태어날 때부터 자연스럽게 만나 온 생의 요람과 같은 자연을 경외하는 마음을 갖는 일은 급속도로 변하는 현대문명을 체험하며 살아가는 우리에게 드문 일이 되어 간다. 이런 시기에 인간이 만든 불씨가 온 산을 갉아먹고 지워버린 강원도의 산불과 인왕산의 오랜 역사에 대해 이야기하는 시인의 노래가 의미 있게 와닿는다. 정체를 알 수 없는 불꽃에서 시작되어 수십 년의, 어쩌면 수백 년의 생들을 이 땅에서 지워버린 산불을 겪은 이재민의 애통한 마음과 삶의 터전을 빼앗긴 생명들을 달래기 위한 애가를 읽는다. 인간의 부주의가 만든 슬픈 사건을 고발하는 시인의 목소리를 들으며 깊이 참회하는 마음을 갖게 된다.

시인은 이제 거칠 것이 없다. "매일 써오던 익숙한 일기장을 버리는"(「允惠를 志英으로」) 일도 서슴지 않는다. 과거와의 진한 단절을 꾀한다. "떨림과 긴장의 한 줄을 넣고 새로이 쓰"고자 "적극적으로 뜻을 비추라"는 "미래로의 갈망"인 이름으로 개명을 실행한다. "나를 리셋한다는 건/ 나를 더 흥분되게 새로이 서게 한다"라고 외치며 세상과의 새로운 균형을 꿈꾼다.

보는 것과 보이는 것에 대한 간극은 변화를 모색할 줄 모르는 것에 애증이 묻어난다. '날기를 포기한 채 먹이만 쫓는' 망각의 늪은 도시의 마천루에서 '미아가 되어버린' 날지 못하게 될지도 모르는 새에 대한 위기감에 사로잡힌다. 정작 새는 '자유를 갈구하지만 굶주림을 두려워하는 거리의 부랑아'이지만 정작 길을 잃은 것은 누구일까.

어쩌면 도시의 숲은 갈 길이 막혀 정체된 미로일지도 모른다. "뜻밖의 일로 칩거 중이던 몸이 고장 나 마음도 찌그러진 소심한" 도시와 현대인이다. 유일무이한 존재이면서도 획일화로 만드는 문명 속에서 어쩌면 껍질을 부수고 "하안거"로 차선을 선택해야 할 수밖에 없는 현대인들이다.

    윷들이 공중에서 텀블링한다
    착지하며 말들을 쥐락펴락하는 윷들

    때론 매몰차게 상대를 몰아붙이고
    때론 견제하고 잡아먹고
    때론 운에 좌우지되기도 한다
    ……
    다음엔 말이 지름길을 읽고

큰 걸음으로 대세를 뒤집는다

말이 갑이다

처음부터 승부욕에 함몰되던

서로 주도권을 잡으려 애쓰던 너와 나

신경전과 다툼의 끝없는 실랑이

텀블링을 즐기지 못하는 우리

세상사가 윷판이다

- 「텀블링」 부분

뉴스를 보면 여&야 정치권의 첨예한 대립이 보는 이를 피로하게 만든다. 서로가 서로에게 던지는 정쟁의 화두들은 깊이 생각할 틈도 없이 마치 오발탄처럼 다시 던져져 시작도 결론도 없이 끊임없는 증명만 강요하는 시대를 살고 있다. 그런 모습을 시인은 '텀블링'을 통해 고발한다. 민속놀이인 윷놀이를 통해 놀이에 참여하는 이들의 즐거움이 서로에 대한 견제로 이어지고, 승리만을 위해 눈에 불을 켜게 되었을 때 진정한 놀이의 즐거움은 사라지고 정해진 결과만을 목소리 높여 외쳐대고 있다. "세상사가 윷판이다"라고 말하는 시인. 우리에게 남아있는 건 어린

아이와 같은 천진한 즐거움과 해맑은 미소가 아닌 결과로 나타난 나의 위치라는 점을 안타깝게 바라보고 있다.

    제주 함덕해수욕장 해안가에 검게 타다 굳어진 현무암
    시린 파도의 울음 잠재우며
    침묵한 채 누워있다
    ……
    일찍 별이 되신 할머니 대신 삼촌들 성혼시키고
    딸들 교육에 열과 성을 다하며
    사십여 년 교단에서 헌신해온
    엄마의 고단했던 시간들이 빼곡히 박혀있다

    마알간 눈물 머금은
    움푹 꺼진 엄마의 눈이
    이제야 보인다

    깨지고 부서진 현무암 잔해
    자식 사랑 여전한 엄마의 마음밭처럼
    백사장에 하트모양으로 드러나고
    〈

미처 깨닫지 못했던 철없던 딸에게

멀리서 달려온 큰 파도가

한 대 먹인다

철썩!

- 「현무암」 부분

시인은 때론 '현무암'과 같은 시를 통해 사물의 물적 속성을 깊이 파고 들어간다. 제주의 바다, 거친 파도 아래 침묵하며 엎드려 있는 구멍이 숭숭 나 있는 현무암을 바라보며 시작하는 시는 돌덩이의 시원을 거슬러 올라간다. 백만 년 전의 신생대 시절, 거칠게 뿜어져 나온 대지의 핏줄기가 빠르게 식어가며 굳어 버린 거무튀튀한 이 돌에서 시인은 이제 생의 진기가 빠져나가 허룩한 거죽만 남은 듯한 어머니의 얼굴을 떠올린다. 이질적인 생명의 연결은 내 눈앞에 누구도 피할 수 없는 시간을 향해 달려가고 있는 어머니의 얼굴을 자연스레 떠올리게 만들며 그 큰 사랑을 깨닫지 못한 어리숙한 마음을 회초리처럼 때리는 파도 곁에서 뉘우친다. 표현하지 못한 마음을 전화라도 하게 만드는, 고요한 사색을 따라 제주의 바다를 거닐게 만드는 시인의 마음이 참 따뜻하고 깊다.

시인의 시를 읽으며 다양한 삶의 결을 만났다. 자신의 머릿속을 시도 때도 없이 찾아와 괴롭히는 편두통을 작은 생쥐로 비유해 달래가며 살아가야 하는 장면에서는 피할 수 없는 고통을 해학으로 승화시키는 관록이 엿보이기도 한다. 포노사피엔스라 불리는 새로운 현세대의 출현에 대한 센스있는 접근도 언제나 세상을 향해 날카로운 촉수를 갖고 탐색하는 세밀한 시선이 있기에 가능하다. 시인의 삶이 아름답고 뜨겁게 펼쳐지는 '쁘띠프랑스의 오후'. 나는 그녀의 시간 속에 머물며 그녀의 노래에 오래도록 귀 기울인다. "소박한 시를 먹고 누군가는 마음이 편안해지고/ 순수한 시를 먹고 누군가는 예전의 소년 소녀를 만나고/ 건강한 시를 먹고 누군가는 마음에 위안을 얻고/ 화려한 시를 먹고 누군가는 포만감을 느끼다 소화불량이 오기도" 한다는데, 한 권의 시집에서 다양한 읽을거리를 찾을 수 있다는 것은 행복한 일이다.